大家小小书

篆刻　程方平

中国历史小丛书

新编历史小丛书

新编历史小丛书

孙膑传

熊剑平 著

北京出版集团
北京人民出版社

目　　录

引　言

　　在孙武的时代过去一百多年后，齐国又涌现出一位杰出的军事家孙膑。他出生在阿城和鄄城一带，正是孙武的后人。

　　孙膑是因为自己出色的军事才华而得祸。因为受到妒忌，他被同窗庞涓陷害，差点儿丢掉性命。幸运的是，他最终还是凭借出色的智慧而实现自保，虽然终身残疾，但他仍然能够率领齐国军队成功击败魏国，同时杀死了不可一世的庞涓。

这是一个战争频仍的时代。据说有一只气质优雅的兔子在中原奔跑，这才惹得天下人忘情地追逐，甚至为此而不惜杀死其他的追逐者。这个时代，到处都是追名和逐利，随处可见对立和战争。

或是为了追逐利益，或是为了解救苍生，很多人都投入地研究兵学，孙武所撰写的兵法因此而得以四处流传，但是真正能领悟其中真谛的人并不多见，孙膑则是其中的佼佼者。

孙膑的出生令很多人相信，孙武在吴国即将面临大祸时，就已经回到了齐国，而且还将他的兵法传给了后世子孙。因为从孙膑这里，无论是所著兵书，还是指挥作战，都可以明显地看到孙武的影子。

司马迁曾说，社会上那些称道军旅和战法的人，无不称道《孙子兵法》十三篇和吴起的《吴子兵法》。可见这两部兵书当时就已经在社会上广泛流传。

善于指挥作战的孙膑，也曾著述兵法。他的兵法，一般称为《孙膑兵法》。遗憾的是，这本兵书大约在东汉末年忽然中道失传了。二十世纪七十年代，在孙膑的老家，也就是山东的一座汉墓中，《孙膑兵法》得以重见天日。我们也因此而可以管窥孙膑的军事谋略。

虽说智谋出众，但他完全不能预

计到自己所要面对的酷刑。深受酷刑折磨的他，始终忍辱负重，非常精准地算计庞涓的军事行动，最终成功反杀，击败了一世的仇敌庞涓，这些都非常令人感慨。

一、遇险

1.生在乱世

从阿城到鄄城，虽说并没有特别陡峭的高山，却也有不少风物闲美的名山，并且名气都异乎寻常的响亮，比如历山、箕山、富春山，等等。

就拿富春山来说，这是一座有故事的山，据说这里是帝尧的下葬之地。帝尧生活一贯俭朴，对于墓葬也无规格和排面上的要求，和后世那些封建帝王有着霄壤之别，反倒因此而受到百姓的万世景仰，就连这里的一草一木都在散发着不凡的气息。

再如箕山，同样是一座有故事的名山，据说这里是著名隐士许由的遁隐之地。故事中说，当听到帝尧想要任命自己为官的消息时，许由立即就想着躲到一边去。他暗下决心，远离政坛这块是非之地，因此来到箕山一带隐居起来。

从许由的时代又过去了很多年，鄄城这里又诞生了一位名人，而且是一位改变了战国历史走向的著名军事家。

说他是名人，多少也有些尴尬，因为他的名字其实已经不为人们所知晓。因此，我们只能说他是一位把名字弄丢了的名人。因为曾经受到过膑刑，所以他一直被人们称为孙膑，并且沿袭至今。

膑刑是古代一种非常残酷的刑罚，受刑之人的膝盖会被残忍地挖掉，因而无法行走，并终身残疾。这自然是孙膑人生中的至暗时刻，也对孙膑的行为习惯和处事风格都产生了深刻影响。

年少时的孙膑，已经表现出超越常人的天赋，而且兴趣爱好也都显得与众不同。平常人家的孩童，都在忙着爬树捉鸟或是下河捉鱼，孙膑则已经开始埋头读书。而且，他读的书也和平常人家的孩子不同，因为他更喜欢读兵书战策。就是那些教别人怎么打仗的教科书，教人如何统率军队，如何指挥军队合理地驻扎，如何更好地运用阵法来击败对手，等等。

母亲看着孩子有着异于常人的表现，不由得在内心深处感到又惊又喜。继而也会表示出一丝隐约的担忧，不安和担心有时候会写在脸上，这也令少年的孙膑感到几分诧异："妈妈，您不喜欢我看这些书吗？"

"嗯，也不是……"母亲本想把自己的担忧说给孩子听，但有很多道理暂时无法同年幼的孩子说清说透，何况她自己也确实很难说清楚。母亲只是凭着直觉判断，有着这种特殊的爱好并不一定是好事。既然孩子出生在兵学世家，祖辈一直有着研习兵书的传统，孩子如此刻苦研习兵学，也算是继承祖业了。但是兵学，以她女人的直觉判断，其实也热爱不得，除非是要做一名职业军人。

后来的历史证明，母亲的担心完全在理。身处战争频仍的时代，即便是身怀绝学，孙膑也只能被动地在政坛沉浮。因为才气逼人，见识超过常人，孙膑惹得庞涓心生嫉妒，自此罹难，开启了一段不同寻常的人生经历。这种大起大落、充满坎坷的人生经历，甚至被同样遭受不公待遇的著名历史学家司马迁拿来自况。遭受劫难的孙膑，并不甘心就此沉沦，而是迅速展开反击，由此成为改变战国历史走向的英雄人物。

没有谁真正愿意走上坎坷道路，

何况是非同寻常的折磨，九死一生的劫难。孙膑所经历的一切，完全是被迫的。这一切都要归罪于他有一个叫庞涓的同窗，他是一个对孙膑并不友善的魏国将军。一段时间之内，此人声名显赫。

战国时期是一个不折不扣的乱世。俗话说，乱世出英雄，这话不假。在乱世之中，所有的规矩都被废止，因此谁都有发迹的机会。但是，乱世之中，太多人活得不如蝼蚁。相信并不是谁都愿意生活在这样的乱世之中，希望有这种逞英雄的机会。大人物如此，小人物更是如此。除非是那些特别自命不凡的狠人。

2.并不友善的同窗

成年之后的孙膑，仍然对探研军事问题有着浓厚兴趣，于是告别家人，远走他乡，求学访友。据传他的师傅是闻名天下的鬼谷先生，精研纵横之术，就连张仪、苏秦这样的大纵横家，也都是出自他的门下。传闻很多，不知真假。这些人举手投足之间，都对那个时代产生非凡的影响。

求学期间，孙膑遇到了改变他人生命运的同窗——庞涓。这正是一位自命不凡的狠人，而且行事风格和为人处世都与孙膑有着很大不同。起初阶段，他尚且能和孙膑和睦相处，但随着时间的推移，态度逐渐发生变化。

孙膑和庞涓在老师的指导下，一起努力学习兵法。虽说是饱读兵书，但他们仍时常要接受老师的考试。

老师问道："关于获胜之道，我们已经学习了不少内容，不知你们知道的有哪些？"

庞涓正在思考之中，孙膑已经开始作答说："常胜之道在我看来，一共有五条：第一是主将要得到君王的充分信任，可以全权指挥军队；第二是将领需要真正懂得用兵的规律；第三是将领能够得到广大士卒的拥护；第四是军队上下能够做到同心同德；第五是将帅能够充分了解敌情，并且能够很好地利用地形。"

"那么，军队遭到失败的原因呢？"

"在我看来，同样也有五条，而且几乎都能和前面我说的那五条一一形成对应：第一是将领受到君王的严格控制，因此而无法行使独立指挥；第二是将领不懂得用兵的基本规律；第三是将领之间不够和睦；第四是将领无法得到广大士卒的拥护……"

"第五是不了解敌情。"老师非常满意地笑了。他接过话茬儿，使得考试变成自问自答。

"是的。用兵获胜的基本方法，在我看来大概就是这些了。不知道有没有什么遗漏？"

老师笑着说道："很多年前，齐国有一位著名的军事家叫孙武，写出了一部惊世骇俗的兵书，名字叫作《孙子兵法》。他后来用这部兵书的基本原理，帮助吴国打败了强大的楚国。他的兵法十三篇中，也总结了获胜的方法有五条，总称为制胜之道。你刚才的总结和他相比，已经相差无几，莫非是在哪里看到过……"

"老师所说的孙武，正是我的先祖啊！先祖的兵法要诀，其中有部分内容我曾经稍稍有所接触，但是我天生鲁钝，并没有掌握先祖兵法的真谛，还需要继续学习。"

"就考查影响战争的基本要素来说，你刚才的总结，已经非常全面了。从中可以看出，你也已经得到了部分兵法的真谛。我才知道你原来是兵圣传人，来自一个研习兵学的世家！当然，刚刚你所说的，其实都是用兵之法所注意的要点，同时也是最为基本的内容。《孙子兵法》十三篇中，还有更加高妙的战争谋略设计，比如避实击虚、以迂为直这些内容，都非常值得研讨。当然，知道这些内容并不难，学会灵活运用才能得到兵法的真谛。如今，世人都在称道这部兵法，但他们很难窥探其中一二，看来你祖辈的兵法，需要你去继续发扬光大了！"

"请老师放心，弟子一定加倍努力！"

师徒之间发表这番慷慨激昂的对话时，因为太过投入而变得旁若无人一般，也让站在一旁的庞涓多少感到一丝尴尬。而且，孙膑领悟能力强，学习进步快，庞涓已经有所领教，也让他一直自愧不如。不知何时起，庞涓已经在内心深处悄悄地埋下了一颗嫉妒的种子，一旦得到机会就会生根发芽，而且也在特殊的土壤之下逐渐生出仇恨的怪胎。至少同窗之间那种纯洁的情谊，已经非常难以维系。

3.蒙难

与孙膑相比，庞涓明显稍逊一筹，但他同样也是不俗的一代名将，并且谙熟兵法。因此，即便在孙膑面前是差等生，庞涓也还是很快就能够找到就业的机会，而且地位显赫。他看到魏惠王是个有实力而且有野心的主儿，立即找机会告别师傅来到了魏国。

来到魏国之后，庞涓发现自己获得了一展身手的机会，正可谓如鱼得水，也很快得到了魏惠王的重用，直到被任命为将军。从此之后，庞涓按照魏惠王的指挥，在中原大杀四方，俨然一副找不到对手的模样。

虽说已经在魏国谋得一官半职，但庞涓并不会就此感到满足。环顾天下形势，他和魏惠王的判断较为接近，认为此时正是魏国兼并天下、施展抱负的良机。因此他全力配合魏惠王的军事行动，始终冲在一线，展示军事实力，力争在中原群雄之中有所作为。

也不知道是在什么情况下，庞涓

的脑袋中转过一个念头，想起来老同窗孙膑，强烈地想邀请他来加盟，充当自己的助手。于是，他暗地里派出使者，设法把孙膑请到魏国。

刚刚接到庞涓的邀请时，孙膑在内心深处感觉到矛盾。毕竟自己是齐国人，按理说应该在学成之后立即回到齐国，为自己的父母之邦效命，本不该接受庞涓的邀请，何况齐国和魏国的关系其时已经非常微妙。

但是，转念一想，毕竟也是同窗一场，而且他在观察天下形势，也感受到了魏国强劲发展的势头。此时的魏国，如同一匹奔腾的野马，孙膑其时非常希望亲自打探一下魏国的虚实。

两位老同窗刚见面时，互相之间

也都有一番惺惺相惜的感觉，互相倾诉了久别重逢的那种思念。

接下来，莫名其妙的事情发生了：等和孙膑进行一番深谈之后，庞涓的主意开始发生变化，把他最初的设想统统遗忘。

面对才气逼人的老同窗，庞涓想起自己不只是军事才能远不及孙膑，而且家庭出身和人脉关系等，也与孙膑有着很大差距。庞涓暗自揣测，一旦他向魏惠王举荐孙膑，自己则很有可能会被魏惠王慢慢地边缘化，乃至被搁置和最终遗忘。辛苦经营多年的宽阔舞台，也会自此被迫转让出去。这样一想，他发现自己邀请孙膑加盟的行为实则非常愚蠢，正如同搬起石头砸自己的脚。

这种强烈的嫉妒心理，立即改变了这对同窗之间的相处方式。从此之后，庞涓决意陷害同窗，而且出手非常狠毒。庞涓借口掌握了孙膑在魏国犯罪的证据，命令手下人砍掉他的膝盖骨——这就是所谓的膑刑，并且在他的脸上刺字——这是当时罪犯的标配，甚至就此把孙膑悄悄地隐藏起来，不允许他再出现在世人的眼前。

那么，庞涓为什么没有立即处死孙膑呢，这多少让人们感到疑惑。也许他是要故意地狠狠折磨孙膑，以满足自己的变态心理。也很有可能是因为《孙子兵法》十三篇。庞涓知道老同窗是兵圣后人，而且掌握了孙武的用兵秘诀，所以他迫切希望得到兵书，再用它去征服世界。这么看来，先祖仿佛是换了一种特殊的方式在悄悄护佑着孙膑脆弱的生命。在穷凶极恶的庞涓手中，孙膑最终得以幸存。这也算是一个小小的奇迹。

因为受到了膑刑，孙膑这个名字才渐渐为人们所熟知，他本来的名字反倒被人们所遗忘。有人说他本来就叫孙武，是因为受到了膑刑，才被人们改称为孙膑。

其实很多人也都知道孙武本是另外一个人，是孙膑的祖先，是写了十三篇兵法的那位不朽的军事家。可他们还是愿意相信这些，也愿意一直这么传说下去。

4.脱险

一度天真地幻想可以和老同窗携手建功立业的孙膑，忽然之间就坠入地狱，被迫在魏国度过人生中最为黑暗的一段日子。身体残疾的他，已经无法独立行走，只能非常屈辱地过着囚徒般的日子。他的命运已经完全由别人掌握，而且朝不保夕。

那么，孙膑的出路在哪里，他又该如何摆脱险境呢？

坊间有传说称，孙膑是通过长时间的装疯卖傻才获得了人身自由。庞涓看到孙膑已经疯疯癫癫，不会再对自己构成直接威胁，从此之后便放松了对孙膑的监管，使得孙膑可以觅得良机逃脱困境。

如果按照这种设计，孙膑使出的是苦肉计，也确有机会逃出牢笼。但是事情恐怕没有这么简单，装疯卖傻终究会有露出破绽的时候，而且齐国是否愿意付出很大代价营救一个傻子，也要打一个大大的问号。

孙膑能够转危为安，经过了齐国的艰苦运作，应该和齐、魏两国对于人才的态度有关。也就是说，因为魏惠王和齐威王的关注重点不同，孙膑才能成功地从魏国脱险。

当初，齐国和魏国的矛盾尚未激化之时，齐威王经常有和魏惠王举行会晤的机会。有一次，他们约定了一起在郊外打猎，就此留下了一段著名的对话。

魏惠王问齐威王："请问您也珍藏着很多的珍宝吗？"

齐威王回答说："没有。"

魏惠王说："不会吧，就像我这样的，国土面积虽然小，也还是有一些宝物的。比如有直径一寸的夜明珠作为车的配饰，而且这样的车共有十二辆，每辆车上都配着十枚夜明珠。您那边可是坐拥万乘兵力的大国啊，怎么会没有收藏宝物呢？"

齐威王笑了笑，说道："我所认可的宝物，怕是与您有所不同。我一直是将人才视为宝物。比如，我的大臣中有个叫檀子的，派他去镇守南城之后，不只是楚国人不敢进犯，就连周围的诸侯也纷纷前来朝拜。有个叫盼子的，我派他守卫高唐之后，赵国人就不敢越过边境，不敢再来我们的河中放肆地捕鱼。有个叫黔夫的，我派他守卫徐州之后，燕国人就会经常来到北门祭祀，以此祈求平安，赵国也有很多人举家迁移追随他。还有个叫种首的，我派他负责防备盗贼的事务，不久之后就形成了路不拾遗的良好风气。这些人都足够宝贵了，而且也将光耀千里，他们的价值岂是十二辆车可比?!"

看到齐威王如此炫宝，魏惠王不由得感到一丝羞愧。

齐威王求贤若渴的态度，自然也会对孙膑的命运产生影响。因此，孙膑最终得以逃离魏国，更大可能是因为齐国重视孙膑，而且展开了及时而且有效的营救。

普通人要是进入魏国之后失踪，齐国也许不会太过较真，但是兵圣孙武的后人，这是齐国的贵族，一旦出现下落不明的情况，齐国一定会非常较真地追查。在孙膑失去联系之后不久，齐国便派出使者来到了大梁进行侦察和交涉，这才使得孙膑有了逃生的机会。

此时，孙膑只能以服刑犯人的身份与使者偷偷地见面。在见到使者之后，孙膑与使者推心置腹地进行了一番长谈，将所有事情的来龙去脉都交代清楚，这令使者为之感到愤慨，同时也确认孙膑是一位少有的人才。于是，使者悄悄地找来马车，再偷偷摸摸地拉着孙膑回到了齐国。

因为这次成功的越狱行动，齐国和魏国都将会发生根本性的改变。

二、齐国论兵

1.田忌赛马

几经辗转，孙膑终于逃离了魔窟，回到了齐国。他的人生轨迹也自此迎来了转折。

使者立即安排人员对孙膑展开救治，等到他的身体基本恢复之后，迅速将孙膑介绍给齐国的大将军田忌。

齐国上下其实都知道兵圣孙武的事迹。整天以研究战争为己任的田忌，更是对孙武顶礼膜拜，并渴望得到《孙子兵法》十三篇，以便细心揣摩。田忌同时还知道，孙武的祖上也是姓陈，和自己一样，都是陈国公子陈完的后代，算起来也是同宗同祖。田忌的祖上因为在战争中立功，后来才被赐姓田。田和孙，本来就是一家人。

田忌对孙膑的印象很好，始终把他当成尊贵的客人。在接待孙膑时，始终都给予最高的规格。田忌不仅经常邀请孙膑小酌，而且会时常赠送孙膑各种珍贵的礼品。

孙膑通过田忌之口得知，齐国贵族中一直流行着赛马的游戏，参与者都需要拿出相当大的投入，就连齐威王也会参与其中。田忌经常抽出空来和他们比赛，而且所下赌注也都很大。

这一次聚会时，孙膑看到田忌的脸上明显带着不服气和不甘心，应该是赛场赌输了，而且估摸着这次损失不会太小。

看到大将军面带不悦，孙膑连忙关切地上前询问，在大致了解赛马的基本规则之后，他自信满满地对田忌说："下次如果您再去和他们赛马，能不能带上我？我想实际考察一下，没准儿能够帮您出谋划策，把这场比赛输出去的，再帮您给赢回来。"

"真的假的？"田忌满脸狐疑，"先生是不是要对我的赛马进行特殊训练？我已经试过了，定型了，没用了。"

"将军如果信得过我，就请试试吧，也不损失什么。"

很快，齐国贵族之间的赛马比赛重新开局，而且这一轮比赛，齐威王也宣布参加，上上下下都非常重视。田忌则遵照孙膑之前的约请，将他带到了赛场，安排他在自己身边观摩比赛。

几轮比赛下来之后，孙膑已经大体搞明白了。这些参赛的马匹在脚力上的差别其实不是很大，却可以分为上、中、下三等同时参赛。上等马在对阵中等马时，可以稍稍占得优势，但是在对阵下等马时，则可以形成绝对优势。孙膑就此找到了取胜的钥匙。于是孙膑对田忌说："将军，您只管放心去比赛吧，赌注不妨再大一些，我已经有了办法让您在比赛中获得胜利！"

应该承认，将军府的马匹，几乎都是良马，在对阵普通贵族的马匹时，还是可以占得少许的优势，但在与齐威王的马匹进行比赛时，则没有什么胜算。因为王宫中的马匹，几乎都是优中选优，田忌获胜的机会当然不大。

但是，田忌还是选择了相信孙膑，在与齐威王和诸位公子下注时，他都下了很重的赌注，希望借助这次比赛翻身。

果然，在与诸位公子进行的比赛中，田忌都能顺利获胜，因此毫无悬念地赢得了和齐威王比赛的决赛机会。此前的预赛，孙膑始终不动声色，即便田忌多次询问，他都始终稳坐钓鱼台。但在和齐威王对阵之前，田忌已经没办法保持淡定，因为马匹确实处于相对劣势。于是，他迫切地找来孙膑，询问取胜的秘诀。

孙膑对田忌说："可以让您的下等马来和大王的上等马比赛，再拿您的上等马和大王的中等马比赛，用您的中等马和大王的下等马比赛。这就是取胜的秘诀啊！"

田忌大喜，这确实是非常巧妙的设计。马匹还是那些马匹，赛制还是那样的赛制，但是比赛结果却可以改写。

果然，等到三场比赛全部结束后，田忌有一场输了，有两场比赛赢了，因此他可以依靠二比一的比赛结果，赢得最终的胜利，就此赢得了这次和齐威王的豪赌。

眼看大将军沉浸在胜利的喜悦之中，孙膑和他说起用兵的道理："战争行动正如同这种赛马一样，无论是用战车还是骑兵出战时，都可以把兵力分成三个部分，一部居右，一部居左，一部断后。在地势平坦的地方，就应当大量使用战车；在地势险阻的地方，则需要多使用骑兵；在地势狭窄险要的地方，就需要多用弓弩手。这其实就是我们刚刚赛马的策略，需要充分利用自己一方的优势才可以获胜。"

听到这里，田忌的内心更是充满喜悦。

前阵子赛马，齐威王经常是获胜的一方，这次忽然落败，自然会有些挂不住面子。田忌则连忙上前说道："恭喜大王！大王虽然输了这次比赛，却赢得了江山社稷啊！"随后，田忌立即向齐威王推荐了孙膑。

齐威王大喜，忙问道："你就是我们从魏国营救回来的孙膑吗？听说是兵圣孙武的后人，果然是一个有智慧有谋略的人。希望能够把兵圣孙武的用兵之法很好地融会贯通，能为我们的霸业做出贡献。"

2.用兵也有道义

在赢得齐威王的信任之后，孙膑经常受到召见。齐威王经常向孙膑询问用兵之法，孙膑就此开始享受了国师一般的待遇。

有一次，齐威王问孙膑："请问用兵之道追求的是什么，需要注意的是什么？"

孙膑回答道："在我看来，用兵之道并没有什么永恒不变的模式。这是先王就教给我们的道理啊！"

齐威王问道："请再具体地说说。"

孙膑说："如果一个国家能够取得战争的胜利，那就可以避免出现亡国的悲剧，并把江山世世代代地延续下去。如果无法取胜，那就只能割让土地，甚至会就此危及国家的生存。因此，对待战争不可不慎重啊。历史上，那些轻率发起战争的人经常会遭到失败，过于贪图胜利的，反倒经常遭到对手的羞辱。因此，动用军队时，一定不能轻率，必须做好充分准备才能展开行动！所有的胜利，都不是靠着贪婪就能得到的。如果是有着充足的准备，哪怕是城池很小，也能够坚持下去。如果正义在自己一方，即便是兵力不足，部队的战斗力也会非常强大。如果储备不足，又没有占据正义性，这样发起战争，没有任何可能取得战争的胜利。就拿唐尧来说吧，他治理国家时，有七个部落拒不执行王命，唐尧非常注重给民众以休养生息的空间，并不断地积蓄力量，因此才能创造有利条件并战胜那些反叛的部落。从前的那些贤能的君主，神农氏、黄帝、唐尧、虞舜、商汤、周武王等，都能很快就平定各种叛乱，是因为非常注意方法，并不是滥用武力。如今的诸侯，他们的功德不如五帝，才能不及三王，智慧不比周公，却打着积蓄仁义、推行礼乐的旗帜来制止各种形式的战争。这些办法显然是行不通的，于是又只好依靠战争去制止战争，这其实也是勉为其难。"

听了孙膑的分析，齐威王连连点头："先生分析得太好了！"

接下来，齐威王话锋一转，问孙膑道："听说你们先祖的兵法一共十三篇，用墨不多，却非常高妙，能不能抽空也和我介绍一些？寡人虽然不爱好打仗，但是魏国这样的邻居不安分啊，始终对我们有所企图。"

"先祖用兵，始终也是将道义放

在第一位。他总结影响战争胜负的要素有道、天、地、将、法。这其中，道是最重要的。"

"所以你要悉心领会先祖的兵法要义，在做好融会贯通的同时，也做一些整理。我平时都忙于国事，一旦有空，也可以翻看一二。如果需要，我可以给你派几名助手，让你可以专心地做这些事情。"

"大王请放心，我后面将会以整理和介绍先祖的兵法为己任。"

在这之后，孙膑的身边迅速来了几名助手，尊称孙膑为老师。一旦得到空闲，他们便在孙膑的指导之下研究和整理兵法。长期流传的著名兵书《孙膑兵法》也便呼之欲出。

3.应变之策

　　身边有孙膑这样的军事家，齐威王对于军事问题的兴趣越来越大，不停地找来孙膑进行探讨。有时候，田忌也会参与其中，而且见缝插针地就一些问题展开深入讨论。孙膑带着他新招收的弟子，同时也是帮助他整理兵法的助手，来到了王宫之上。

　　身为一国之君，齐威王最关心的问题本应该是治国理政，但是当他遇到孙膑时，立即将关注点投入到用兵上。齐威王问孙膑："如果是两军的实力旗鼓相当，双方将领对阵时，发现各自的阵势都非常坚固，因此谁也不敢率先发起攻击，这时候应该怎么办才好呢？"

孙膑回答道："在这种情况下，可以先派出少量的兵力，并且交给一个勇敢的下级军官带领，让他去对敌军进行试探。而且，一定要做好试探失败的思想准备，不能只想着取胜。用来试探的军队，行动必须非常隐蔽，同时对敌人阵地的侧翼发起攻击。这样就可以探知对方的虚实，进而取得大胜。"

齐威王又问："用兵时，士众是多是少，其中存在着一定的规律吗？"

孙膑回答说："有。"

齐威王又问："如果是我强敌弱，我方兵力占据优势时，应该怎么处置才好？"

听到这里，孙膑向齐威王恭恭敬

敬地行了一个大礼，然后回答道："这真是一位英明的君王所提的问题啊！本方在兵力上已经占据了优势，实力超过了对手，这时候还在关心如何用兵，就凭着这种谨慎的态度，已经找到安邦的根本。如果占据了这种绝对的形势，那就可以采用诱敌之计，故意让本方的军队呈现出败象，把队形故意变得散乱，而且充分迎合敌方的心理，引诱敌军主动出击，同我方进行决战。这样才有机会击败对手。"

齐威王笑了笑，心想："我只是设想了一种情况罢了，不至于这么表扬我吧？"于是，他接着又问道："如果反过来呢，是敌强我弱，对方的兵力比我方强大，那又该怎么办呢？"

孙膑同样是会心地一笑，接着回答说："这时候就要采取退避的战术，要注意避开敌军的锋芒。与此同时，也要注意让后方部队做好掩护工作，使得己方军队能够安全地后退。后退时，军队中那些手持长兵器的士兵要站在前面，手持短兵器的士兵则处在后面，一定要配备足够的弓箭，以备应急之用。一旦找到合适的时机和相对安全的地点，则布置军队按兵不动，及时地进行休整，等到敌军疲惫之时再伺机组织反击。"

齐威王又问："我军和敌军同时出动，而且都不知对方的具体兵力时，应该怎么办呢？"

孙膑回答说："这时候双方都是

冒险求战，狭路相逢勇者胜。"

齐威王又问："追击穷寇时要注意什么呢？"

孙膑说："应该注意防止对方的伏击。"

齐威王又问："遇到势均力敌的敌军时，应该怎么对付？"

孙膑回答道："这时候要注意充分地迷惑敌军，使得对手因为心神散乱而分散兵力。一旦出现这样的局面，我军就要果断地抓住战机，在敌军尚未发现我方意图时就发起突然袭击。但是，如果敌军有所警觉，兵力始终没有分散，那就要保持按兵不动，注意耐心地等待战机的出现。而且，千万不要中了敌军的疑兵之计，一旦盲目地发起攻击，就会被对手陷害。"

齐威王又问："如果我军的兵力和敌军相比处于劣势，比如兵力为一比十时，有什么办法对敌人展开攻击吗？"

孙膑回答道："有！这时候就应该采用'攻其无备，出其不意'的战法，要对敌军发起突然袭击，才能找到打败对手的机会。"

齐威王又问："敌我双方地利和兵力都大体相当，这种情况下却吃到败仗，这是什么原因造成的呢？"

孙膑回答道："这应该是因为己方的军阵没有形成那种锐利的先锋队。"

齐威王又问："怎么样才能使得全体将士听从命令，服从指挥呢？"

孙膑回答道："需要依靠平时的威信。"

齐威王忍不住赞叹道："说得太好了！先生所说的这些用兵奥妙真是让人受用无穷！"

4.用兵紧要

身为齐国重臣的田忌，同样也曾深入地探讨兵学，当他看到孙膑知无不言，言无不尽，也想借机讨教一二。等他看到齐威王询问完毕，立即也抓住孙膑问了一堆问题。

田忌连珠炮似的问孙膑："主将用兵时最大的忧虑是什么？使得敌军立即陷入困境的方法是什么？无法攻占壁

垒和壕沟的真正原因是什么？为什么
会把握不住天时？为什么无法把握地
利？为什么无法占据人和的优势？请
问先生，这六种现象之间，有没有规
律呢？"

孙膑回答道："有的。用兵时主
将的最大忧虑是无法占据地利。让敌人
陷入困境的方法就是占据险要地形。其
中的道理非常简单，仅仅是数里的沼泽
地带就足以阻碍大军的行动。之所以无
法攻克壁垒和壕沟，原因就在于没有险
要地势可以凭借。"

田忌又问："敌军坚守不出，我
军想要引诱对方出击，再择机袭击他
们，应该如何才能实现？"

孙膑回答道："我们可以不停地

击鼓，摆出一副将要进军的样子，实际上则是始终按兵不动，耐心地坐等敌军前来进攻，千方百计地引诱敌军前来进攻。"

田忌又问："军队的前进计划已经部署完毕，怎么样才能让全体将士听从命令呢？"

孙膑回答说："必须严明军纪，同时也注意加大赏罚力度。"

田忌又问："赏罚是用兵过程中最为要紧的事情吗？"

孙膑回答说："不是。对士卒给予赏赐，可以提高士气，并使得他们舍生忘死作战；通过处罚手段可以严明军纪，让全体士卒对上级畏服。这些手段虽然有助于取得战争胜利，却不是用兵时最要紧的事项。"

田忌充满好奇地问道："那么，将帅的权力、威势和智谋这些，是用兵时最紧要的事项吗？"

孙膑回答说："也不是。拥有指挥权，可以保证军队的整体指挥，培养威势可以保证三军用命，使用智谋可以使得敌军无从防备，巧妙地行使诡诈之计，能让对手落入困境。但是，这些都是有助于我军取得胜利，却都不是用兵最要紧的事项。"

听到这里，田忌已经气得变了脸色。他不无愠色地说道："这些其实都是善于用兵的将帅非常注意的事项，而您却说它们都称不上是最要紧的事，那么，在您看来，什么才算是最要紧的事呢？"

孙膑微微一笑，说道："最大限度地了解敌情，同时能够根据当前形势和战局变化，充分而且合理地利用好地形，这是古往今来领兵作战的基本规律。将帅必须要做到善于进攻，而不是消极防守，这些才是用兵最要紧的事项。"

田忌觉得孙膑的回答确实在理，于是话锋一转，再问孙膑道："敌军已经摆开了阵势却不展开进攻，这时候有什么办法可以对付吗？"

孙膑回答说："有办法。可以利用险要地形构筑坚固的堡垒，同时严令约束士兵，不许他们轻举妄动，一定不能被敌军的各种挑衅行为所激怒，做出不理智举动。"

田忌又问道："敌军的兵力众多而且非常勇猛，这时候还有战胜对手的方法吗？"

孙膑回答说："有。在这种情况下，需要增加坚固的堡垒，同时广设各种旗帜，用它们来迷惑敌军，同时严明军纪，用军纪来约束士兵，避开敌军的锐气，使得敌军产生骄傲的情绪，并且设法引诱敌军，使得敌军产生疲劳，然后再趁着对手不备，突然发起袭击。这正是出其不意，攻其不备，可以消灭敌军的有生力量。因为敌军实力强大，必须同时做好持久作战的准备。"

田忌接着又问道："采用锥形的队形能起到什么作用？使用雁形队形能

起到什么作用？选拔出那些强壮的士兵是想发挥什么作用？使用那些能够发射强弩硬弓的士兵是想起到什么作用？使用如同飘风一样快速机动的队伍是希望起到什么作用？使用普通士兵又是希望起到什么作用？"

孙膑回答说："采用锥形的队形，是为了通过他们来冲破敌军的坚固阵地，并摧毁对手的精锐部队。使用雁形的队形是为了便于己方形成更好的相互策应。选拔出那些强壮的士兵，是为了在决战之时确保能够擒拿敌军的将领。使用那些能够发射强弓硬弩的士兵，是为了能在双方相持不下时持久与敌进行作战。使用那些飘忽不定的机动部队，是为了能够更好地打击对手。使用普通士兵，则是为了配合其他分队展开作战，确保战争的获胜。"

看到田忌已经变得和颜悦色，孙膑接着又说道："那些明智的君主和精通兵法的将帅，都不会使用普通的士卒去完成那些关键性的任务。"

"确实是这个道理！说得非常好！"

5.备战之术

眼看田忌和孙膑的讨论越来越深入，齐威王笑着说："你们可以再找其他机会探讨。寡人还有其他重要国事处理，今天就暂时讨论到这里吧。"

见此情形，田忌和孙膑连忙向齐威王告辞。离开王宫之后，田忌仍然意犹未尽，继续就治军之道和孙膑进行深入探讨。于是，二人又转道来到田忌的府邸。

分宾主落座之后，田忌问道："通过刚刚那段对话，我已经对用兵的紧要之处有了大致的了解，但是，要想确保能在战争中获胜，还需要具备哪些条件才行呢？"

孙膑回答说："在我看来，世上没有比人更宝贵的东西了。当然，要想发起战争，必须确保拥有天时、地利和人和，而且这三项条件都需要具备。缺了其中任何一项都不行，即便是能够取得暂时的胜利，也会给自己留下后患。因此，必须三项条件齐备之后才能对敌作战。如果无法确保这三项条件齐备，除非是万不得已，否则绝不可发起战争。一旦把握住很好的时机，就要果断出战，力争一战制胜，绝不让士兵再去打第二仗。"

"人的因素果真如此重要？"田忌进一步追问。

"军队是否有战斗力，关键是看士卒，就是要看能否选拔出合格的士兵。士兵是否勇敢，关键就在于军纪是否严明；士兵是否掌握了作战技巧，关键就在于指挥是否得当；战斗力是强是弱，关键取决于将帅是否守信；士兵品德是否优良，关键在于是否教导有方。如果是速战速决，那就无须担心军需是否充足。军队是否强大，关键在于能否给予百姓以休养生息的机会，军队如果受到严重损伤，原因就在于作战的次数过多。总之，其中的关键就是人。"

"我们齐国的技击之士一直饱受诟病，不如魏国，也不如秦。看来是士卒的训练没有做好。"

"这里确实有训练的问题，但也有其他因素。比如，奖惩要做好，对士卒讲信用，把品德高尚的人才选拔出来，这些才是用兵作战的基础。只有那些能够对敌展开殊死战斗的勇士，才是用兵作战的王牌。

"要想做好奖惩，就需要事先明确各种赏赐的标准，比如官职的等级和财物的数量。还要注意了解士卒的疾苦，只有了解了他们，才能够信任他们。如果没有了基本的信任，他们迟早都会离去。

　　"战争的底蕴来自民力，但是，如果想动用民力发动战争作战，还是必须慎之又慎，仔细斟酌。必须要真正选拔出那些有德有才之人，真正聚集民众的力量。而且，也要充分考虑到各个地方的实际情况，才能更加合理地使用当地民力。有的人拥有财物很多，却非常贪生怕死；有的人拥有财物很少，却能无所畏惧。因此必须要正确处理，恰如其分地动用民力，使得那些愿意牺牲生命的人不会产生怨恨，那些被征用财物的富人也不会心生怨气。征用财物也需要适当，如果征用过多，就会引起民众反感；如果征用过少，对弥补国用没有帮助，也会导致其他民众对国家不满。

正确的方法是，首先让百姓积累足够多
的财物，只有这样才能保证长期对外
用兵。"

虽然从未带兵，但孙膑对于其中
的要领并不陌生。其中涉及的治国方
略，也非常有见地。只见孙膑不停地
说着，坐在对面的田忌则是连连点头
称是。

6.用兵如射箭

刚刚受到赏识，同时也获得了受
到重用的机会，孙膑在一天之内接连面
对齐威王君臣的询问，也可说是在短时
间之内接连提交了两份难度不同的答
卷。这种问对，固然是交流了对战争的

认识，其实也算是完成了一场非常特殊的面试。至少齐威王需要通过这种方式来进一步考察孙膑，看他能否担当大任。

当问答完成之后，他的弟子连忙上前搀扶孙膑坐上马车，向大将军告辞。在打道回府的路上，弟子忍不住询问道："怎么样？先生今天接连见到了大王和大将军，而且讨论了很久，估计会非常深入，总体情况如何？顺利吗？"

只见孙膑笑了笑，说道："威王一共问了我九个问题，田忌问了我七个问题，都可以算是懂得用兵之道的，但也没有完全地掌握战争的规律。"

"先生为什么这么说呢？"

"我听说，如果君王一贯讲信用，那么他的国家必然会走向昌盛。如果没有做好战争准备而仓促用兵，那么他必定会失败。人们常说，穷兵黩武的人，一定会自取灭亡。齐国至今已经传了好几代，应该具有忧患意识才行啊！先祖对于战争，一直强调的是慎战，而不是好战。不是迫不得已，一定不能仓促地发动战争。可惜这层道理，不是所有人都能领会啊。"

"先生刚刚所说的，弟子好像懂了一些。看来，整理兵法的任务，我们要继续抓紧时间才行。"

孙膑其实也是意犹未尽，看到弟子态度诚恳，便接着申述他对于用兵时机的看法："如果想要搞明白用兵之道，不妨多体会一下使用弩弓的发射道理。射箭时，箭就像是士兵，弩弓就如同将领，使用弩弓射箭的，就像是国君。我们看看这箭的结构，它的前面是金属箭头，后面是羽毛做的箭翎，经过这样的设计，箭才能锐利而又迅速，才能射得很远。"

看到弟子似懂非懂的样子，孙膑只好接着说道："如今我看到不少将领用兵都是后面重前面轻，这样子排兵布阵，完全不符合箭矢的构造和射箭的原理，因此只能产生混乱，想要去进攻敌军也会出现调动失灵的现象，根本问题就在于用兵之人不懂得射箭的道理。"

"士兵在开弓射箭时，如果弓把还没有摆正，用力过强或过弱，弓弩击发的力量就会不够协调，这时候即便是箭头和箭尾的轻重合适，前后顺序也没有出现颠倒和错乱，还是无法射中目标。用兵的道理和射箭是一样的。尽管士兵配置已经非常得当，但是将领之间不和，仍无法战胜敌军。我们射箭时，强调箭头和箭尾的轻重适宜、顺序得当，开弓时力量用得恰到好处，但是射箭之人因为不得要领，无法正确地完成发射动作，自然是无法射中目标。用兵时，士兵配置得当，全体将帅也都保持同心协力，君主却不能正确地进行决策，合理地使用军队，同样也无法战胜敌军。可见射箭的学问很大啊。要想射中目标，就必须要确保箭、弓、射手和目标等全都符合要求才行。要想指挥军队战胜敌军，也要注意各种要素之间协调配合。不只是士兵的配置得当、将帅之间齐心协力，同时也要求国君能够正确地行使指挥权。所以我们说，如果能从射箭的原理中多悟出一些道理，就可以慢慢地领会用兵的规律，能够在战争中获胜，在战场上扬名。"

眼看孙膑滔滔不绝地演说，弟子忙回答："先生的比喻非常贴切而又生动，弟子这次仿佛是懂了一些了。"

从齐威王到田忌，再到自己的学生，孙膑和他们讨论军事问题时，其实都非常注意谈话的对象。和齐威王谈话时，孙膑每问必答，而且力求简洁，更喜欢就道义和政治层面展开。在和田忌交谈时，孙膑力争做到具体而又细致，为了提醒他不以将军身份与民争利，甚至不惜展开争论。在和学生交流时，则是努力使深奥的理论变得通俗易懂，让初学者更容易理解。

在弟子们的帮助下，孙膑一面努力地整理先祖的兵法，一面勤奋地著述，阐发自己对于兵学的认识。《汉书》中著录的《齐孙子》一共八十九篇，还有图四卷，据说都是出自孙膑师徒。可惜的是，这部书在汉代末年忽然失传。二十世纪七十年代，在山东临沂银雀山汉墓中挖出了一部分，只能说是管中窥豹，隐约地领略一下孙膑的卓越见解。

说是《齐孙子》，更强烈地标注了孙膑兵法的地域特征。在它之前还有一本兵书叫《吴孙子》，共八十二篇，一般认为是他的先祖孙武的著述汇编。不知从何时起，孙膑已经悄悄地取得了与其先祖并列的地位。因为孙膑的努力，兵法的要义得以在齐国大地长久地流传。

三、两强碰撞

1.咄咄逼人

自从回到齐国之后，孙膑越来越受到重视，影响力也越来越大。因为得到齐威王和田忌的赏识，孙膑得以在政坛崭露头角，并逐步参与到齐国军政方针的设计中来。

战国前期，魏国率先在诸侯之中崛起，后面则是齐国完成了复兴的霸业。两强相遇，必然会发生激烈碰撞。

在齐、魏两国角力的过程中，孙膑是长期担任出谋划策的关键人物，并且负责了关键性战役的作战指挥。因为这种深度参与，他可以目睹战国前期齐、魏两强的盛衰之变，也在一定程度上左右了两个超级强国的命运。

从魏文侯到魏武侯，再到魏惠王，魏国的实力越来越强，却也距离悬崖越来越近。几代王侯在执政理念及个人性格等方面存在着巨大差异，因此也对魏国的政治走向产生了重大影响。

魏文侯以继承晋国霸业为目标，始终以韩、赵为兄弟之国，努力维持三晋的团结，可谓目光远大。在魏武侯之世，形势已经发生变化，以吴起出走为标志，魏国在前后两期表现各异。魏武侯不仅废弃了魏文侯联合韩、赵的政策，而且逼迫吴起离开魏国，霸业开始衰落，最多是马马虎虎地维持了局面。

魏惠王是个自命不凡的大人物。遇到了好大喜功的魏惠王，魏国逐渐朝着坏的方向发生急剧转变。在他执政期间，战事连连。魏惠王三年，齐国军队伐魏。双方在观津一带经过一番激战，魏国不幸战败，被迫割地求和。齐国实则已经向魏国初步展示了军事实力，理应引起魏惠王的小心。没想到的是，他并不引以为戒。本以为在这之后，魏惠王可以吸取教训并且及时止损，没承想，一切才刚刚开始。不知悔改的魏惠王继续执行他那强硬的单边政策，邻居中有谁胆敢冒犯自己，立即就会武力相向，四面出击的魏国遂大踏步地走上了一条不归路。

一旦三晋之间无法维持较为稳定的关系，局面就变得更加无法预判。因为秦国会因为西河地区不断地上门索债，齐国和楚国也会寻找一切机会倒打一耙。

有一个重要人物的去留，也在改变着诸强的格局。他就是商鞅。

商鞅也叫公孙鞅，本是卫国人，曾经事奉魏国相国公叔痤，因此公叔痤知道他很有才能。有一次，公叔痤得了很重的病，引得魏惠王亲自前来探望，不无担心地说："您倘若有个三长两短，我们的国家将怎么办呢？"

公叔痤立即回答说："我的中庶

子公孙鞅，虽然年纪不大，却身怀奇才，希望大王能够重用他，把国家交给他去治理。"

魏惠王没有正面回应。

公叔痤又说："大王如果不打算起用公孙鞅，就一定要找机会杀掉他，不能让他离开魏国。"

魏惠王感到不解，但还是当场答应之后便离开了。

公叔痤随后又招来商鞅，对他说："大王今天问我谁可以担任相国接替我，我当时就推荐了你。但是，看到大王的神情，知道他不以为然。我只好对大王说，如果不重用你，就应该立即杀掉你。大王已经答应了我的请求，所以你要赶紧离开魏国，否则就会有性命之虞。"

商鞅笑了，说道："大王既然不会采纳您的意见，不会起用我，又怎么可能听信您的话而杀掉我呢？"因此，商鞅决定继续留在魏国。

但是，商鞅果真也等不到受到重用的机会。魏惠王对身边的人说："公叔痤看来确实病得很重，这真让人感到悲伤，但是他想要我起用公孙鞅，国政全都交给他的一个门客掌管，这岂不是非常滑稽而且糊涂的建议！"

不久，公叔痤病死。当初，他曾排挤吴起，令魏国失去了一位宝贵的人才。如今，又要走掉一位了。

商鞅眼看在魏国始终等不到机会，又听说秦孝公已经在下令四处求贤，于是决定动身离开魏国。秦孝公确实希望模仿秦穆公重建霸业，而且向东收复曾被魏国侵占的土地。商鞅星夜赶路，来到了秦国，并通过秦孝公的宠臣景监求见。虽说还是要遇到挫折，但最终有了机会在秦国展开变法行动，使得秦国逐步走向强盛，甚至从根本上改变了秦国的运势，并逐步改变了诸侯争雄的格局。

2.蛰伏的齐威王

在齐威王的率领之下，齐国这边正在悄悄地积聚力量，蓄势待发。

齐国可以说是春秋战国之世的老牌帝国。因为拥有鱼盐之利和特殊的地理环境，齐国对中原诸侯拥有进可攻、退可守的优势。春秋早期，因为有管仲的得力辅佐，齐桓公得以稳步进行了一系列政治、经济和军事改革，使得齐国逐渐走向强盛，并率先称霸。公元前481年，田成子发动政变，杀死齐简公而专齐之政，史称"田氏代齐"。齐国在田氏执政后也展露出新气象，并重新崛起。

公元前357年，齐威王即位。他看到魏国是因为李悝变法而走向强盛，也暗暗下定决心复兴齐国，希望重现当年桓管霸业。只不过他还有个弹琴的雅好，而且非常迷恋，甚至经常躲在后宫自娱自乐，由此而耽误了朝政。如是一连几年，国家反倒是走向衰败了，邻国看到有机可乘，便起兵进犯，令齐国军队接连吃到败仗。

无奈之下，邹忌自称琴师，以抚琴为理由求见齐威王，因此得到召见。

走进内宫时，邹忌正好听到齐威王的琴声。他连忙称赞道："好啊！好琴艺！"

齐威王忙问："好在哪里？"

邹忌恭敬地一拜，然后说道："大王用大弦所弹出的声音非常庄重，正像是一位明君；用小弦弹出来的声音非常清朗，正像是一位贤相。大王的指法非常精湛，弹出来的音符都非常和谐而又动听，灵活而又多变，像是国家在发布明智的政令一样。听到这么好的琴声，怎么能不令我击节叫好！

"弹琴和治国一样，都必须专心致志才行。应该弹的弦就要认真地去弹，不该弹的弦就不要去弹，这也像是国家发布政令一样，琴弦都要很好地配合起来，而且非常协调，这样才能弹奏出美妙的乐曲。这正如同君臣齐心协力，各司其职，才能确保国富民强一样。因此，弹琴和治国的道理是完全一样的。"

听到这里，齐威王忙说："先生，你说的这些道理非常高妙，既然如此，何不请先生试弹一曲呢？"

邹忌立即答应了，但他只是摆出弹琴的架势，却始终没真的去弹什么曲子。齐威王以为他是来戏耍自己的，立即愤怒地说道："难不成你要犯下欺君之罪？"

邹忌连忙解释道："微臣是依靠弹琴为生，当然要用心研究各种弹琴的技法。大王是以治理国家作为要务，也应好好地研究治国理政的大计。大王放着国家不管，正像我摆着空架子一样，是不能保证百姓心满意足的。这其中的道理，请大王三思！"

齐威王幡然醒悟，自此用心治国理政。年轻有为的邹忌被任用为相，因此展开一系列的变法图强运动，遂使得齐国呈现出欣欣向荣的景象。

这邹忌，不但智商高、情商高，而且身材修长，外表光鲜，一直受到妻妾和客人的偏爱而得到很多赞美，但他判断这是大家都有求于他，因此他听不到真实意见。领悟到这一点之后，邹忌拜见齐威王，认为齐威王受到太多蒙蔽，因此应该纳谏，允许别人上书直言劝谏。对此，齐威王不但立即接受，而且下令给予那些进谏之人以奖赏。

当时，邹忌是相国，田忌为大将，但他们两人之间感情不睦。将相失和，显然是齐国的隐患。

淳于髡也是齐国的名士，身高不足七尺，一向能言善辩，因此经常奉命出使诸侯之国。齐威王有段时间沉迷于歌舞，不理政事，身边的近臣都不敢劝谏。淳于髡就使用隐语来进行讽谏。他对齐威王说："有只大鸟落在大王的庭院中，已经过去了三年，它不飞也不叫，大王一定知道这只鸟是怎么回事吧？"齐威王笑着说道："这只鸟，不飞则已，一飞冲天；不鸣则已，一鸣惊人。"

从那之后，齐威王就像是完全变了一个人一样。

3.倔强的魏惠王

魏国忽然决定攻打赵国，这是三晋矛盾不可调和的必然结果，也与魏惠王的执政理念和政治野心密切相关。他相信称霸立威正逢其时，执意要冒险推进激进的战略，在制服韩、赵的同时，也逼迫齐、秦屈服。殊不知，四面出击的结果，必然是四面树敌，显得非常的不明智。

　　听说魏惠王想要攻打邯郸，有个叫季梁的人连忙进行劝阻。他半路折回，就连衣服都还是皱巴巴的，但是他非常着急地想拦住魏惠王，因此皱褶来不及去处理，头上堆满尘土也来不及去清洗。

　　终于，他见到了魏惠王，立即上去劝说道："微臣今天回来的时候，在大路上看见有个人正驾车朝着北面赶路，他回答我说：'我要马上赶到楚国去。'这让我感到非常奇怪，于是问道：'您是要赶往楚国去，可您为什么是在往北赶路啊？'他回答说：'我的马非常好，没关系的。'微臣忙说："马虽然好，可是这条路根本不是通往楚国的啊。'他又回答说：'我的路费充足，不用担心。'臣说：'路费虽然多，可是这路毕竟不是通往楚国啊。'他已经有点不耐烦地回复道：'我还有一个很好的车夫，他的驾车技术非常好。'我忍不住叹了一口气说道：'这几样越是好，那你就距离楚国越来越远了。'"

"你说这些到底是什么意思？"魏惠王也有点不耐烦了，"我确实也有很好的车夫，他就是庞涓，正是我的大将军，一直战无不胜。"

"我想说的是，如今大王所展开的行动，是想成就霸业，那就需要取信于天下。然而，大王如今依仗着国家实力强大，军队战斗力强，决意去攻打邯郸，以武力的手段来实现扩张的目的，并想使得名分更加尊贵。可是，在我看来，大王展开这样的行动越多，距离大王所要追求的霸业就会越远啊！这不正像那个想赶往楚国却不停地往北赶路的人一样吗？"

尽管季梁的劝说显得非常委婉，而且很有技巧，充满了语言艺术，但此时的魏惠王，内心深处有一头正在狂奔的野马，谁也拉不回来。

大国要逞强，小国身处夹缝之中，只能苟且偷生。倘若外交活动不力，则很容易被豪强兼并。春秋到战国，莫不如是。到了战国时期，因为兼并战争愈演愈烈，小国面临的局面更加困难。

此时的卫国，便面临着类似难局。曾长期听命于魏国的卫国，因为不满魏惠王的强势，转而依附齐国，但是随即便遭到魏国的兵锋相加。

这一次，自恃实力超群的魏惠王决定在攻打赵国的同时，也顺便攻打卫国。于是魏国军队一分为三。主力包括甲士八万，由庞涓率领，一直开进到茌平，再派一支军队浩浩荡荡地开往邯郸，同时还分兵一路攻打卫国。

虽说是多路出击，但是各路军队进展都非常顺利。赵国也没想到他们出手如此之狠，情况已经变得非常危急，于是只能向齐国求救，向楚国求救……所有能想到的办法都要试试。面对庞涓率领的数万精锐之师，邯郸立即感受到了空前威胁。

齐威王不敢怠慢，立即召集众大臣谋划。他问大臣："赵国如今有难，也向我们发出了求救之请，我们到底是救还是不救啊，怎么做才好？"

邹忌连忙说："不救为好。"

段干纶立即提出反对意见，回答说："还是要立即救援赵国才好，否则对我们非常不利。"

齐威王问道："为什么会对我们不利呢？"

段干纶回答说："如果魏国就此吞并邯郸，实力进一步变强，这难道会对我们齐国有利吗？所以我们要救他们。"

齐威王说："是这个道理啊，好，我们立即出兵！"于是，齐威王很快就召集人马，准备把军队一直开进到邯郸的郊外。

4.围魏救赵

对于孙膑，齐威王渐渐地越发信任。他相信孙膑确实是名将之后，也曾深入研究战争，并非纸上谈兵之人。因此，齐威王打算直接任命孙膑为主将，率领齐国军队救赵。

没想到的是，孙膑对此坚决推辞。他对齐王说道："我是一个受过刑的人，而且肢体残缺，不方便出任主将啊。"

齐威王并不打算就此放弃，还是要继续坚持任命孙膑为将。孙膑仍然是继续推辞，他说："如果是让智谋不足的人去统兵打仗，只不过是自傲的表现。如果是让勇气不足的人去率兵作战，只能是靠自己为自己祈祷宽心。如果是让不懂兵法，又没有一定实战经验的人去领兵出征，那就只能依靠侥幸取胜了。微臣虽然略通兵法，却没有实战经验，因此并不适合担任主将。

"要想确保一个万乘大国的安宁，并能扩大统治范围，保全百姓的生命安全，就必须要依靠那些真正懂得用兵规律的人才行。在我看来，懂得用兵规律的将帅，必须能做到上知天文，下知地理，中得民心。不仅要熟知敌情，而且懂得布阵要领，能够预见必胜的战机才能出战，反之则一定避免出战。只有这样的人，才能担任如此重任。

"在我看来，田忌既懂得用兵要

领，同时也富有实战经验，因此最适合
出任主将。"

看到孙膑态度如此坚决，齐威王
只得任命田忌担任主将，同时任命孙膑
为军师。从此之后，孙膑一直暗中为田
忌出谋划策。孙膑出行时，齐威王都会
安排一辆带着帐篷的车子，有专职车夫
提供保障。

接到任命之后，田忌准备立即带
着军队前往赵国展开救援行动，没想到
的是，孙膑立即劝阻了他："千万不要
试图立即解救邯郸之围。"

"这是为什么呢？大王已经下达
了命令，让我们立即驰援邯郸啊！"

"欲速则不达。"孙膑不紧不慢
地对田忌说，"这一层道理，可以在生

活中随处看到。"

"哦，那就请说说看。"

"比如，要想解开那些纷乱的丝线，应该小心地用手慢慢地去解开，而不是紧紧地握着双手，立即使劲地进行拉扯；要想解救正在缠斗的人，不能立即参与进去，和他们胡乱打斗，而是要首先设法找到双方争斗的关键之处，直捣对手的虚弱之处，对手一旦受到限制，那么争斗自然而然地会就此解开。现在这种情形，魏国和赵国正在互相缠斗，魏国已经派出了最精锐的部队攻击对手的要害。也就是说，他们的主力一定全都被派往攻打邯郸。至于魏国的国内，一定只留下了一些年纪较大、身体虚弱，而且非常疲惫的士兵。因此这时候，将军还不如带领兵马迅速地攻击魏国的都城大梁，并占据他们的交通要道，冲击魏国防守薄弱之处。对方如果感受到自身的安全受到威胁，一定会就此放弃攻打赵国，改而回师解救自己的都城。这样一来，我们反倒可以就此解除邯郸之围，也可以寻找更好的机会对魏国军队实施打击。"

听了孙膑的这番讲解，田忌仿佛明白了其中的奥妙。这正是兵圣孙武所提示过的"避实击虚"的策略啊，不要和对手直接对抗，而是寻找对手的薄弱之处发起攻击，不仅可以确保获胜，而且能够取得事半功倍的效果。而且，这其中也蕴含了"以迂为直"的策略啊！也可说是"近而示之远，远而示之近",是用来迷惑对手的,是间接路线。齐国军队貌似是绕了道路,花费了更多的力气,实则能相对容易地达到预期的战斗目标,能够很好地调动对手。

因此,田忌立即听从了孙膑的建议,魏国军队果然被迫离开了邯郸。

5.心怀叵测的邻居

远在南方的楚国也接到了赵国的求救信,也为要不要立即出兵救赵引发了争论。与齐国相似,楚国这里也是有两种截然相反的意见。

昭奚恤对楚宣王说:"我们不如不去救赵国,就让魏国的力量进一步增强吧。魏国一旦力量变得强大,就想着夺占赵国更多的土地。赵国如果不想顺从，那么就只能继续坚守，这就是使它们两败俱伤的好办法。"

景舍对此表示坚决反对，他说："不是这样的。这种做法非常不妥，也很不明智。魏国决定攻打赵国时，其实非常担心我们从后面对它发起进攻。如今我们不去救赵国，那么赵国就会有灭亡的危险。如果按照这种做法，魏国其实并没有受到来自后方的压力，这就等于是联合魏国在共同攻打赵国，这对赵国造成的危害同样非常深重，怎么能说是两败俱伤呢？更何况，魏国此时已经占据了赵国的很多土地，赵国已经显露出即将灭亡的征兆，一旦赵国判断楚国不会施救，就必然地会和魏国联合起来共同图谋楚国。"

楚王忙问:"那么,我们应该怎么办才好呢?"

景舍回答说:"不如派出少量的军队去救援赵国。赵国看到了援兵,就会有了依仗,并且有了与魏国决一死战的信心。魏国如果被这种顽强抵抗精神所激怒,同时也看到楚国的援救非常有限,就一定不会放弃灭亡赵国的机会。这样一来,赵国和魏国就会拼得两败俱伤,这时候,齐国和秦国都会趁机起兵,魏国再强大,也是可以被打败的。"

楚王连连点头:"是啊,这才能使得它们两败俱伤。"他随即派景舍率领一支援兵赶往赵国。虽说邯郸面临着被魏国攻占的险境，楚国还可以趁机攫取利益，占领了睢水、涉水一带的大片土地。

赵国能在危机之中转运，其实是因为能在外交上积极地有所作为。

当时志在必得的魏惠王，曾经号召宋国出兵，随同魏国军队共同出征。对此，宋国自然会感到十分为难。

宋国的使臣被迫来到赵国讨要主意，他向赵王说："魏国军队实力强劲而且很有威力，现在他们到敝国来征兵，这自然让我们感到为难。敝国如果不同意的话，担心国家遭到魏国军队的侵袭，会有覆灭的危险。如果我们顺从魏国，帮助他们攻打赵国，那就会威胁到赵国的安全，我们非常不忍心这样做。希望大王能够为我们指点一二，帮助敝国解脱困境。"

赵王回答说："这确实让你们感到为难。以宋国的实力，尚且不能够抵挡魏国的进攻，这一点大家都了解。但是，如果此役之后，赵国被削弱了，魏国的实力进一步增强，这必然也会对宋国更加的不利。在这种取舍面前，我没办法告诉您怎么做啊。"

说这些话，其实是暗示了宋国使者，只能继续帮助赵国脱困。而且，这是唯一的出路，如果赵国覆灭，宋国自然会随之而灭亡。宋国使臣于是回答说："我们肯定不会与魏国共同出兵攻打赵国，赵国不如让出一个边界的城邑，宋国可以出兵慢慢地展开进攻，好以此来拖延时间。这对赵国来说，其实没有损失，并不会就此丢掉城邑。"

赵王连忙点头说："好。就按照这个方法去做。"

于是，宋国随即出兵攻打赵国的边境，对一座边境小城展开围攻。

得知这一消息，魏惠王非常得意，果真以为宋国是在帮助自己全力攻打赵国，对南边的边境明显地有所松懈。

后来，魏军最终撤走，邯郸之围得以解除。魏国非常感激宋国能够出手相助，帮助他们攻打邯郸。赵王这边同样也非常高兴，他相信宋国只是屈从于魏国的淫威，只是装模作样而已。

作为赵国曾经的密切盟友，韩国的态度也很关键。这时候，申不害正担任韩国的相。因为他在韩国实施着卓有成效的变法运动，使得韩国的国力得到上升，包括魏国在内的诸侯均不敢轻易侵犯。

不少人认为，此次赵国凶多吉少，韩国必须及时地选边站队，确保本国利益不被损害。但是就连申不害也完全不知道韩王的内心到底是什么想法，同时也担心自己的建议不一定符合他的心意。没想到，韩王偏偏要首先询问申不害的意见。他问道："两位邻居打起来了，我们到底同谁联合才好？"

对此，申不害也感到为难，虽说他在内心深处更倾向于救援赵国，但他还是勉强地回答道："这确实是关系到社稷安危的关键性决定，是必须慎之又慎的大事，微臣请求再思考一番。"

私下里，申不害又对赵卓、韩晁说："你们二人都是国家有名的辩才，都是大王宠幸的名士，你们提供的意见很有可能会被采用，所以要尽力展示忠心才对。"

于是，赵卓、韩晁分别向韩王表达了自己对于赵魏之战的态度，申不害则在暗中观察韩王的态度，择机陈述了自己的主张，韩王对申不害的建议表示了赞赏。不久之后，韩国选择公然支持魏国。

作为第一等大国的赵国突然之间遭到魏国暴揍，这种情势之下，不只是申不害，各路诸侯和各国政要，太多的人，其实都搞不清他们该支持谁，不得不首鼠两端，长期观望。

但是，在孙膑和田忌的带领之下，齐国一定要对魏国展开绝地反击。

6.声东击西

庞涓在得知齐国军队做好作战准备的消息后，随即转道进攻卫国。这让田忌感到为难。他问孙膑："我们现在搞不清庞涓这葫芦里面卖的是什么药，到底应该如何是好？如果是继续解救邯郸之围，很可能就中了庞涓的诡计。但是，如果我们根据最新的情报，转道去解救卫国，那就等于是违抗了国君的命令。这该如何是好呢？"

看到孙膑沉默不语，田忌只好再

次问道："如果我们不去解救卫国，那么应该怎么办才好？"

孙膑回答说："我们可以转道向南攻打平陵。平陵的城池虽然小，却是军事重镇，不仅人口旺盛，而且甲兵众多，和东阳一样，自古是四战之地，非常难以攻打，因此我们只可以设置疑兵进行佯攻。如果我们攻打平陵，南面有宋国，北面有卫国，大军在行进途中还必须经过魏国的市丘，因此我们运输粮草的通道非常容易被对手切断。攻打平陵，困难很多，但我们一定要始终故意装出不知道这些危险的样子，这样才能麻痹对手。"

田忌立即接受了孙膑的建议，转道向平陵进军。在大军将要到达平陵的时候，田忌再次请教孙膑，问道："我们应该用什么策略攻打平陵呢？"

孙膑连忙解释道："看来大将军还是不明白我们这出计谋的用意啊！我们是要通过声东击西的战法，牵制住魏军的主力，再寻找机会打败对手。"

田忌说："那样的话，是不是应该先分兵进攻齐城和高唐？"

孙膑连连点头，接着说道："是这样的。我们可以派出两位将军分别率兵从齐城、高唐出发，攻击环涂地区的魏军。环涂这里是魏军主力驻扎的地方，因此我们可以只派出前锋部队发起进攻，而且攻势猛烈，主力部队始终按兵不动。驻扎在环涂的魏军必定会发起反击，这两位担任前锋的将军很可能会吃到败仗，甚至会因此而丢掉性命。"

　　于是，田忌完全按照孙膑的设计，找出两位勇敢的将领，分别带领两路兵马从齐城和高唐方向出发，向平陵发起猛烈进攻。齐军士兵像蚂蚁一样攀附城墙，试图攻占两处要塞。接下来的情形果然不出孙膑所料，浹漯和环涂这两地的魏军迅速出动，从齐军的后方展开袭击，对攻城的齐军展开夹击，结果齐军这两路人马迅速大败。

　　见此情形，田忌连忙招来孙膑询问对策。他问孙膑："我军没有攻下平陵，也没能夺占齐城和高唐，遭受了很大损失，现在应该怎么办呢？"

　　孙膑回答说："请立即派出轻装战车，往西出发，直捣魏国都城大梁。

至少夺占城郊一带，以此激怒庞涓。看到都城将要遭到袭击，庞涓必定出兵解救。我军则继续只分出少数兵力和庞涓交战，始终显出我军势单力薄的样子，以此麻痹对手，让他们误以为我们的主力还在平陵这边。"

对于孙膑所设计的计策，田忌表示赞赏并一一照办。战争进程也正如孙膑所料，庞涓不敢不及时解救大梁之围。在得知都城遭到齐国军队袭击的消息之后，庞涓虽然也曾犹豫过，但只能立即掉转行军方向，火速前往解救。

魏国军队不敢怠慢，已经丢掉了所有的辎重，昼夜兼程。孙膑和田忌则带领主力部队在桂陵一带设下埋伏。

孙膑根据桂陵一带的地形条件，

开始布置阵势。他把主力部队分为三个部分，成为三个坚固的阵形。每阵都选出精兵强将担任先锋，在先锋之后又布置了足够数量的后续兵力。一切布置妥当之后，他下令所有将士都必须原地待命，等待主将发布命令之后才能展开行动。

等到战事发起，魏军和齐军的状态已经不在一个层次。齐国军队完全是以逸待劳，抢先夺占了有利地形。魏国军队则是经过了长途跋涉，军队消耗很大，整体状态堪忧。但是庞涓并没在意这些，继续指挥军队急行军。因为沿途丢弃了太多辎重，已经造成魏军给养不足，士气低迷。

看到魏国军队进入伏击阵地，孙

膑指挥军队利用地形优势发起攻击。起初阶段，他布置三分之一的兵力出击，三分之二的兵力用于守卫。眼看魏军士气低落而且阵势混乱，已经形成对己有利的作战条件，再使用三分之一的兵力去攻破敌阵，用三分之二的兵力对敌军实施清剿，全力完成歼敌任务。

在忽然遭到齐军伏兵的袭击之后，庞涓试图组织魏国军队展开就地反击。无奈此时已经是军心动摇，几次尝试都遭到失败，所有将士只能四散逃跑。

通过桂陵之战，孙膑一举战胜了庞涓，同时也得以部分洗刷前耻。庞涓以前只是在求学的教室中，在两人平时的喝酒闲谈之中，领教过孙膑的超凡谋略，这一次则是在战场上领教了老同窗的威力。虽说基本是完败的局面，但是庞涓并不甘心，二人之间的故事也因此得以延续。

齐国军队在孙膑的指挥之下，通过"围魏救赵"的战术，取得了一场完胜。通过运用战争谋略来调动对手，再寻找有利地形巧妙设伏，利用对手战斗力衰减之时发起决战，孙膑的每一步设计都非常精妙，完美地诠释了《孙子兵法》中的"示形动敌"战法。孙武认为，战争中就应该通过大量地制造假象，以此来调动对手，使得对手产生错觉，进而做出错误决策，掉入己方设计的圈套。桂陵之战的获胜，是孙膑巧妙运用先祖战法的结果。

四、击败豪强

1.疯狂反扑

就在桂陵之战失败后的第二年，庞涓带领着魏国军队卷土重来。他们联合韩国军队在襄陵一带，对齐、宋、卫联军展开袭击，并且取得了胜利。可见，虽说经受了一次败仗，但魏国并没有输掉本钱，因此可以继续在诸侯之间逞强。就连邯郸城，他们也仍然不肯放弃，一直等赵成侯答应与魏国结盟之后，才把这座城池归还了赵国。

秦国因为起用商鞅推行变法，逐渐走向强盛。魏国却因为魏惠王的疯狂举动不断下滑。战国的历史走向也因此而发生改变。

商鞅为秦孝公分析天下的形势，认为魏国其时风头正劲，秦国一定不能与之争锋，反倒应该主动去朝见，使用各种手段麻痹对方。这正是"欲让其灭亡，必使其疯狂"的逻辑。

秦孝公于是派出商鞅作为使臣拜见魏惠王。

商鞅来到魏国之后，不惜溢美之词对魏惠王大加称颂："我们都听说大王劳苦功高，而且能够以威名号令天下，如今大王已经可以率领十二家诸侯，并且都能随意加以驱使，这无疑是值得庆贺的事情。然而，光是凭借这些力量还不足以在天下称王啊。以微臣的意见，大王今天向北结交和联络燕国，向东则讨伐齐国，向西联合秦国，再向南征伐楚国，这样一来，赵国和韩国自然会望风而逃，自此听从您的号令。一旦大王有了讨伐齐、楚的志向，而且行事都符合道义，那么实现大业的日子便已经不远。为了对天下诸侯起到震慑，大王也可以顺从天下之志，加天子之衣冠，再向东图齐，向南伐楚。"

魏惠王听了商鞅这番话，自然是内心充满喜悦，便吩咐手下人依照天子的体制，立即大规模地修建宫室，并让他们用心地准备加冕王位的仪式。

考察地理环境，魏国的处境非常特殊。说好听点是中央之国，说得不好听实则也是四战之地。魏国的北边是赵国，西边是秦国，东边是齐国，南边是楚国，挨个数下来，其实哪个都不好惹。一旦周围诸侯联手，魏国无险可守，四面受敌，因此更加合理的选择应该是魏文侯的策略，稳定与韩、赵的同盟关系，找到合适的发力点。一定不能四面出击，否则就是腹背受敌。

经过多年征战，魏国虽说已经拥有相当不错的基础，但也有着明显的弱点。当魏惠王决意攻打齐国和赵国，并且把都城挪到无险可守的大梁之后，魏国已经拥有的霸权地位便显得更加脆弱了。

魏惠王却不会这么想。他认为自己已经是天下的领袖，可以任意地对诸侯吆喝。这种强势因此达到了一个顶点，也随之而迅速衰落。

不管如何，魏惠王还是要把加冕仪式办得气派而且庄重，要在诸侯之中赚足面子才行。

公元前344年，也即周显王二十五年，魏惠王正式宣布加冕称王。他以霸主的身份召集诸侯在逢泽会盟，场面宏大，气氛热烈。宋、卫、邹、鲁等诸侯国的国君一应受邀与会，秦国也派出使节到场。这一次，魏惠王总算是摆足了身段，他感觉自己达到了人生的巅峰，自然是非常得意。

2.太子亲征

魏惠王在召集逢泽之会时，虽然有众多小国捧场，却也同时遭到了抵制。参与抵制的诸侯中，韩国由于自身实力相对较弱，因此便成为魏惠王首先想要报复的对象。庞涓奉命率领魏国和赵国的军队向韩国发起袭击。韩国显然无法招架，随即便向齐国求救。

公元前343年，也就是周显王二十六年，孙膑和庞涓之间的故事，终究需要一个了结。更何况，魏国和齐国之间也需要做一个了断。

先是魏国派出重兵攻打韩国，韩国只得立即向齐国发出求救信号。于是齐威王召集群臣商议对策。

齐威王问道："邻国有难，我打算派兵。但是，我们是早点儿救，还是晚点儿救，怎样做才合适呢？"

张丐立即回答说："肯定是早点儿救更好。如果救晚了，韩国会被魏国兼并，魏国的实力会变得更加强大，因此我们必须早点儿救。"

田忌立即提出反对意见，他说："我们应该晚点儿出兵才对。"

齐威王忙问原因，田忌回答说："韩国和魏国交战，双方激战正酣，军队都很有战斗力，我们不应当出兵解救，而是应该观察一阵再做决定。如果我们立即出兵，压迫魏军太甚，那么魏军很可能会倒向韩军，形势自然对我们不利。魏国既然有了灭韩之志，攻击会越来越猛，韩国将面临亡国的危险，那么他们就会不停地发出求救邀请，这时候我们再出兵相救，不仅可以获得更多利益，也可以得到很好的名声。"

齐威王连连点头称是，只是派出使者承诺出兵解救韩国，但是出兵计划一再搁置。没想到的是，韩国军队因为得到了齐国的承诺，以为可以立即得到援助，战斗力瞬间爆棚，结果随即便取得了五战五捷的战绩，魏国军队被迫放缓进攻的步伐。

眼看伐韩受到挫折，魏国随即便改变战略方向，转道攻打赵国，并且将赵国都城邯郸包围。魏国此次志在必得，几乎发起倾国之兵，太子申亲自带队，庞涓担任主将。

有人看到太子出征，连忙试图阻止。显然，这是魏惠王的决定，为的是展示一番决战的勇气和决心，没有人可以阻拦。

公子理的师傅蓄养的门客中，有一人看到此次出征前景不妙，也曾试图阻止太子出征。他对公子理的师傅说："为什么不让公子到王太后面前痛哭，阻止太子的出征呢？太子尚且年少，并不懂得战争之道，但是他要面对的对手却是身经百战的宿将。攻打邯郸，齐国必将派兵救援，后面太子即将面对的是齐国军队，他们有孙膑这样善于用兵的军事人才辅佐，因此可以判断此战并不容易获胜，不胜则必被活捉。公子此时必须和大王据理力争，如果大王听了公子的劝告，那么公子将会获得封赏；如果大王不听公子的劝告，战争失败之后，因为太子被捉，公子的地位也可以自此得到确立，后面也可以获得继承王位的机会。"

各种善意的劝阻，并不能起到任何的效果，太子申仍然在魏惠王的授命之下被迫随队出征。

魏国军队在经过宋国外黄时，有个叫徐子的人求见太子，他问太子："微臣有百战百胜之术，太子愿意听听吗？"

太子连忙回答："快说来听听。"

徐子说："那我就斗胆进言了。如今太子亲自出征，即便是把齐国军队打败了，得到了魏王的各种封赏，但是富不过是拥有魏国，贵不过是成为魏王。但是，如果此战失败，那么世上自此再无魏国。这就是我的百战百胜之术！"

旁边立即有人厉声喝问："大胆！何方妖人，居然敢如此戏耍太子?！"

太子摆摆手，和颜悦色地对徐子说："我懂您的意思，但愿我能有机会听从众人的劝告，能够顺利地返回。"

徐子继续说："太子此时想要返回，怕是为时已晚啊！太多人都寄希望于太子此战封神，他们也好从这次战争中获得利益，太子虽然想要返回，怕是已经来不及了！"

听了这番话，太子心头有一丝不祥之感迅速地掠过。不远之处的树枝上，有一只乌鸦发出"哇哇哇"的叫声，盘旋片刻之后，很快就飞向了远方。

3.终极决战

齐国这边再次派出田忌担任主将，孙膑作为军师，带领兵马前往救援。

在和田忌分析了庞涓的战术特点之后，孙膑认为，面对强大的魏军，只能智取，用半路设伏的方法来袭击对手。然而，要想通过设伏的方法袭击对手，就必须设法调动庞涓。这庞涓同样是久经战阵，岂肯轻易就范。依照庞涓的性格，他决不会轻易地舍弃已经取得的战果，不容易被对手调动。

那么，如何才能实现调动对手的

目标呢，田忌和孙膑商议之后决定，直接率兵扑向魏国的都城大梁。是的，这正是上次他们"围魏救赵"的办法。故技重演，其实是因为这一招非常管用。直扑魏国都城，庞涓即便有十个胆子，也仍然只能立即回撤。

因此，齐国军队并没有直接去解救韩国，却很好地调动了对手，一举帮助韩国解脱了困境。

果然，庞涓在听说齐军即将攻打大梁的消息之后，只能立即带领兵马离开韩国，火速返回魏国。就在这时，齐国的军队已经越过了魏国的边界继续向西挺进。庞涓的军队只能全力开进，试图阻止齐军的行动。

孙膑对田忌说："必须设法让

对手轻视我们，使得庞涓做出错误决策。"

"如何才能做到呢？"田忌忙问。

"三晋的将士一向都非常勇猛而又剽悍，极度轻视齐国的军队。在他们眼中，齐国的士兵非常胆小而又懦弱，因此我们可以利用这个特点引诱他们上当，使得形势朝着有利于我方的方向发展。兵法有云，百里急行军之后仓促地与对手交战，就很有可能损失己方的大将；五十里急行军之后仓促地与敌人交战，就极有可能损失掉一半的士兵。我们不妨下令适当地减少炉灶，做出士卒逃散的样子，用来麻痹对手。"

田忌深以为然，立即让齐国军队依照孙膑的主意执行。他们在进入魏国的土地之后，先是修造能供给十万人吃饭的炉灶，第二天开始便修造了只供五万人吃饭的炉灶，第三天则更少，只修造供给三万人吃饭的炉灶。

正在带兵不停追赶齐国军队的庞涓果然中计。三天来，他看到的情况是齐军的炉灶越来越少，于是非常高兴地宣布："正如我所预料的那样，齐国的士兵胆小而且懦弱，只有三天的时间，他们逃跑的士兵就已经超过了一半，这样的军队显然不足为惧。"于是庞涓舍弃了步兵，带领着一支轻骑兵倍道兼行，全力追赶齐军。他不仅低估了齐国军队的战斗力，也低估了老同窗的智谋。

孙膑估计着魏军的行进速度，判

断他们傍晚时分会追到马陵。马陵这里，地势险要，道路狭窄，可以依托地形条件在道路两旁设伏，正是伏击庞涓的最佳地点。于是，孙膑布置士兵就地埋伏，做好伏击准备。他命令士兵用斧子砍掉一棵大树的树皮，随后便在空白之处写下"庞涓死于此树下"这几个字，再命令擅长射箭的士兵共计一万多人手拿着弓弩，埋伏在大树的周围。他命令这些士兵，一旦看到前方有火光点燃，就立刻一起放箭。

庞涓果然在天黑时分赶到了马陵，仿佛接受了孙膑的约定一样，径直来到大树下面。长途奔袭，确实也有点累。此时此刻，他需要暂时进行休整，再寻思下一步行动方案。

当他坐下之后，径直就看到旁边树干之上有片白色的区域隐隐约约地写有字迹，便立即下令点起火把。还没等他把那些字看完，埋伏在附近的齐国士兵就已经是万箭齐发，魏军立即大乱，顾此失彼，溃不成军。

到了此时，不可一世的庞涓明白自己的智谋已经到了山穷水尽之时，而且再也无力回天，于是拔剑自刎。临死之前，他不无愤慨地喊道："真没想到啊，竟然就此成就孙膑这小子的名声！"齐国军队则乘胜追击，将魏军完全打垮，还趁着乱势俘虏了魏国的太子申。

马陵之战的战法，与桂陵之战几乎一样，都是通过攻击对手的要害来调动对手。《孙子兵法》中说："我欲战，敌虽高垒深沟，不得不与我战者，攻其所必救也。"由于大梁是魏国的都城，一旦孙膑选择将大梁作为进攻目标，那么庞涓无论身处何地，都必须紧急驰援。这样一来，齐国军队就可以通过巧妙设伏等方法击败疲惫赶路的魏军。

从桂陵之战到马陵之战，都可以看出《孙子兵法》的高妙，也能看出孙膑对于先祖兵法已经谙熟于胸，并能根据情势变化而灵活地加以运用。

当然，换个角度来看，既然大梁很容易就成为齐国军队的袭击目标，那么它被选定为都城，其实也存在着明显的弊端。大梁位于济水、丹水、鸿沟等数条河流的交会点，物产丰富，交通便利。一旦占据此地，则很容易对韩、赵的都城形成威胁。但是，反过来看，其他诸侯实则也很容易对大梁发起直接攻击，使得魏国的整体防守形势发生变化。魏惠王对此失察，屡次被齐国军队调动，并迅速陷入被动，其实是他一意孤行的结果，怨不得别人。

4.大战复盘

因为马陵之战，孙膑名扬天下，到处都开始流传他的兵法。

这是魏国和齐国之间硬碰硬的一场战争，对两国的未来走向都产生了深远影响。田忌会经常回味这场战争，孙膑也愿意就战争中的一些细节问题和他进行复盘和探讨。

田忌问孙膑道："如果我们的部队在前进的途中忽然遭遇敌军，双方实力旗鼓相当，很难轻易战胜对手，应该怎么处理才好呢？"

孙膑回答说："这正是聪明的将领应该提到的问题，也是一个人们经常忽略的问题。人们往往不看重这些，其实这才是战争中经常遇到的常态啊！"

田忌说："那就请您讲给我听听好吗？"

孙膑回答道："可以。遇到这种情形，一旦处理不好，就会在突然之间陷入困境，一旦进入对我方不利的地形条件，更要合理使用。当年我们战胜庞涓并且活捉了魏太子，就是使用了这种战法啊！"

只见田忌眉头上扬，顿时来了精神，说道："太好了！只可惜这件事情已经过去很久了，当时的情景我已经记不住了，也没有可能看得见了。请您再具体地说说吧！"

到了这时候，孙膑也来了精神，当年的那场鏖战仿佛再次呈现眼前。于是，他把能够回想起来的细节进行了梳理：

"当时的困难局面下，我首先使用铁蒺藜布阵，希望起到的是壕沟的作用。用战车进行布阵，就当作阻断敌军冲击的壁垒。将各种兵器完成配置，希望起到矮墙的作用。将军中的盾牌合理地配置，当作城头那种带洞的矮墙。这种配置，既可以防御，也可以进攻，方便我们往外射箭。在防御阵形的后面，另外部署使用长兵器的部队，用来担负紧急救援任务。在长兵器部队的后面，又部署使用小矛的士卒，和前面使用长兵器的部队互相配合、互相补充。使用短兵器的部队，可以用来截断敌军的后路，袭击那些已经非常疲惫的敌军。至于那些弓弩兵，则可以发挥出抛石机的作用。阵地中央没有军兵，因此布满铁蒺藜。一切就这样部署完成，完全符合兵法要求。

"按照兵法上的设计，把手持弓弩的士兵部署在铁蒺藜后面，然后就根据战场需求对敌军进行射击。而且堡垒之中，手持弓弩的和使用戈戟的士兵各占一半左右。我们正是按照兵法的要求执行。兵法又说，需要等派出去的侦察兵回来，在获得准确的敌情之后，才可以出击，而且还要在距离守卫阵地不远之处大量设置瞭望哨，使得瞭望哨和守卫阵地之间保持通畅，相互都看得见对方，确保情报的传递无误。这时候也根据地形情况合理进行处置：如果是占据了高处，就可以设置方形的瞭望台；如是驻扎在低处，则需设置圆形的瞭望台。到了夜间，可以使用鼓声进行联络；到了白天，则通过各种旗帜进行联络。"

孙膑的这番回忆，显然让田忌也感觉很受用。二人越说越兴奋，又说起历史上名将的用兵之道。

田忌说："以前晋国有两位名将，

一个叫荀息，另一个叫先轸，您经常称赞他们，他们的用兵也不过如此吧。"

荀息曾经带领晋国军队，向虞国借路攻打虢国，取得了成功。当时，宫之奇劝说虞公不要借道，而且也说了不少"辅车相依，唇亡齿寒"的道理，结果虞公不听，荀息在灭掉虢国后又顺带消灭了虞国。

至于先轸，更是为晋国立下赫赫战功。他曾以主将身份指挥了城濮之战和崤之战，打败了强大的楚国和秦国，也因先后辅佐晋文公、晋襄公，帮助他们成为称霸中原的霸主而名闻天下。

看到田忌竟然以晋国名将作比，孙膑似乎要谦虚一番才对，但他并没有，就此回答："晋国名将荀息和先轸，他们的用兵确实很有独到之处，堪称独行之将。但是，晋国军队毕竟实力超过别人一等，经常是以强攻弱。"

田忌忍不住笑了："所以，先生学习的兵学是孙氏之道，是我们的祖先孙武留给我们的遗产。孙氏之道，因为在吴越争霸过程中大显身手而闻名天下，如今又能在齐国得到发扬光大。孙氏之道，合于天地。因为我们掌握了孙氏之道，齐国因此而能长久不败。"

沉浸在胜利喜悦之中的他们，尚且不知道祸乱会接踵而至。

5.将相失和

马陵之战的功臣田忌，因为与邹

忌的矛盾无法化解，命运也将发生巨大的变化，直至出走避祸。

针对田忌的处境，孙膑也曾提出过建议。在马陵之战结束之后，孙膑对田忌说："将军愿不愿意抓住这次机会，就此干一番大事情呢？"

田忌忙问："应该怎么办？"

孙膑说："将军先不要急着交出兵权，不要立即把军队归还齐国。可以让那些疲惫和老弱的士兵先守住交通要道。一旦把握住险要的关隘，就一定可以实现以一当十和以十当百的作战效果。然后就可以背靠泰山，左依济水，右临高唐，再将军中辎重运到高宛一带，派出轻便的车兵和骑兵冲进雍门。如果能够照着这个方法去做，不仅是齐国国君可以获得安定，就连成侯邹忌也只能就此逃走。反之，将军怕是再也无法回到齐国了。"

对于孙膑的劝告，田忌并没有听从。

兵权在握，功高盖主，还有相国不停在背后嘀咕自己，田忌虽说有危机感，但也不相信会立即陷入麻烦。

眼看田忌连战连捷，邹忌已经有设计陷害田忌的想法了，于是找来公孙阅商量对策。公孙阅派人带着黄金招摇过市，在找人占卜时自我介绍说："我是田忌将军派来的，如今将军威震天下，欲图大事，麻烦帮助看看吉凶如何。"占卜的人唯唯诺诺的，公孙阅又悄悄派人逮捕他，命他在齐威王面前举证。田忌得知消息之后，终于感到害怕，立即逃往楚国。

田忌离开齐国之后，邹忌少了一个重要的竞争对手，顺势而为，随即在齐国取得了更大的权力。当然，他知道田忌在齐国的地位，也担心他会借助楚国的势力重新返回齐国。

这时候来了一个叫杜赫的说客，他非常了解邹忌的心思，就对邹忌说："我愿意赶到楚国，帮您说服楚王，争取把田忌留在楚国。"

随后，杜赫就赶到了楚国。他对楚王说："齐国之所以和楚国不太对眼，是因为邹忌担心田忌会借助你们的势力再重新返回齐国。大王不如在江南找块土地封给田忌，以此表明田忌并没有打算返回齐国。这样一来，邹忌一定会和楚国建立友好关系。田忌本来就是逃亡在外，朝不保夕的他一旦得到封地，也会非常感激大王的恩德，将来他如果能有机会返回齐国的话，同样也会促进齐国和楚国的友好关系。"

听了杜赫的话，楚王果然为之心动，因为这样就可以利用田忌和邹忌二人之间的矛盾，找到有利于楚国的对策。不久之后，他果然在江南找了块地封给了田忌。

6.混战重现

经过马陵之战的失败，魏国已经元气大伤，很难再现往日的辉煌。因为在战争中失利，魏惠王不得不向齐国赔礼道歉。他亲自带着礼品，恭敬地献上玉璧，表示甘愿自此称臣，齐威王这才答应从魏国撤兵。

到了这时候，大概很多人已经看出商鞅怂恿魏国称王的目的。魏国露头之后，齐国立即联合其他诸侯对其进行征伐，在成就孙膑的名声、帮助其复仇庞涓之外，也打击了魏国崛起的势头，就此改变了诸侯之间的争霸态势。趁着魏国与齐国交战之际，商鞅出兵攻打魏国，轻松取得胜利。

得知魏国在马陵之战落败，魏王已经向齐王俯首称臣，秦国仍然不依不饶，连续发起对魏国的战争。刚刚继位的秦惠文王杀死了功勋之臣商鞅，公孙衍被任命为大良造，继续对魏国发起持续的攻击。在秦国军队的连续攻击之下，魏惠王已经变成惊弓之鸟，同意将河西西北上郡割让给秦国。

魏国自此沦落，齐国和秦国成为东西并列的两个强国后，都立刻变得踌躇满志，大有分庭抗礼之势。俗话说，一山不容二虎，中原大地必然会再次重现混战局面。

在田忌出走之后，人们很少再听到孙膑的消息。有人说，他为了避祸，早已选择和田忌一起远走他乡。有人说，他适时地找到一处隐秘的处所，安心地著书立说，并且开堂收徒，继续以阐发先祖的兵学思想为己任。有人说，他仍然活跃在齐国政坛，试图继续帮助齐国实现复兴的霸业。

其时，诸侯各国都在努力变法图强，魏国只不过是先行一步，因此占据了片刻的风光。魏侯被他们推上王位，立即便成为矛盾的焦点，韩、赵由此而与其缠斗不已，齐国也因此与其纠缠不休。魏国倒下之后，最大的赢家却是置身事外的秦国。由此可见，出风头通常都没有好果子吃，而且跟风和凑热闹也都不是好的选择。

中原争霸，孙膑一度深度参与其中，但他即便是领兵作战时也是刻意回避出任主将，而是只以智囊的身份出谋划策，想必这与他特殊的人生境遇也有关系。既然如此，眼见齐国政坛出现互相倾轧的局面，孙膑应该会做出相对明智的选择，及时地把自己踢出圈子。

　　长期与田忌非常友善，还担任过田忌的军师，如果不知道及时地退避，显然会给自己的未来埋下隐患。只是不知道他能不能及时地逃脱，还会不会有上次逃离魏国时的运气。

　　关于孙膑的一生，明人黄道周有很好的总结："孙膑学艺，才高被忌。刖足致伤，黥刑使废。谁知载归，反为齐利。救赵趋梁，已夺其气。减灶诱之，自奔速毙。万弩马陵，岂容回避。竖子成名，是谁之意？"

出版说明

  "新编历史小丛书"承自20世纪60年代吴晗策划的"中国历史小丛书",其中不少名家名作已经是垂之经典的作品,一些措辞亦有写作伊初的时代特征。为了保持其原有版本风貌,再版过程中不做现代汉语的规范化统一。读者阅读时亦可从中体会到语言变化的规律。

新编历史小丛书编委会

图书在版编目（CIP）数据

孙膑传 / 熊剑平著. — 北京：北京人民出版社，
2023.11
（新编历史小丛书）
ISBN 978-7-5300-0596-5

Ⅰ. ①孙… Ⅱ. ①熊… Ⅲ. ①孙膑—传记 Ⅳ.
①K825.2

中国国家版本馆 CIP 数据核字（2023）第 067371 号

责任编辑　王铁英　张　帅
责任营销　猫　娘
责任印制　燕雨萌

新编历史小丛书

孙膑传
SUN BIN ZHUAN

熊剑平　著

出　　版　北京出版集团
　　　　　北京人民出版社
地　　址　北京北三环中路 6 号
邮　　编　100120
网　　址　www.bph.com.cn
总 发 行　北京出版集团
印　　刷　北京汇瑞嘉合文化发展有限公司
经　　销　新华书店
开　　本　880 毫米 ×1230 毫米　1/32
印　　张　4.625
字　　数　41 千字
版　　次　2023 年 11 月第 1 版
印　　次　2023 年 11 月第 1 次印刷
书　　号　ISBN 978-7-5300-0596-5
定　　价　24.80 元

如有印装质量问题，由本社负责调换
质量监督电话　010-58572393